편지

한 국 대 표
명 　 시 　 선
1 　 　 0 　 　 0

김 초 혜

편지

시인생각

■ **시인의 말**

　시는 시인의 숨결이다.
　시는 자전이다. 그 숨결과 자전이 노래가 되었다.
　내 속에서 재창조된 노래, 그 노래가 보편적 감정으로 내 혈관과 다른 사람의 혈관에 흐르기를 바란다.
　시는 어떤 의미에 의한 것이 아니라 그 자체가 시이어야 한다.
　눈감고 고른 50편!

2012년 8월 20일
김초혜

■ 차 례 ─────────── 편지

시인의 말

1

만월滿月　13

가을의 시詩　14

편지　15

안부　16

인연설　17

마음 화상火傷　18

황혼　19

고향　20

죽음　21

동백꽃 그리움　22

───────── 한국대표명시선100 김초혜

2

변명　25

첫눈　26

친구에게　27

달밤　28

귀로　29

길　30

빈집에 누워　31

연륜　32

자화상　33

3

어머니 1   37
어머니 7   38
어머니 18   39
어머니 43   40
어머니 47   42
어머니 49   43
어머니 50   45

4

사랑굿 1   49
사랑굿 2   50
사랑굿 7   51
사랑굿 30   52
사랑굿 38   53
사랑굿 40   54
사랑굿 62   55
사랑굿 65   57
사랑굿 93   58
사랑굿 96   59
사랑굿 108   61
사랑굿 117   62
사랑굿 123   63
사랑굿 155   64
사랑굿 177   66

5
문둥북춤 1　69
문둥북춤 5　70
문둥탈춤 3　72
문둥탈춤 5　73
일기日記 6　75
일기日記 7　76
백자白瓷　77
변명辨明　78
환영幻影　79

김초혜의 시세계
　심층의 북소리와 언어적 공간 · 황광수　80
김초혜 연보　107

1

만월滿月

달밤이면
살아온 날들이
다 그립다

만 리가
그대와 나 사이에 있어도
한마음으로
달은 뜬다

오늘 밤은
잊으며
잊혀지며
사는 일이
달빛에
한 생각으로 섞인다

가을의 시詩

묵은 그리움이
나를 흔든다
망망하게
허둥대던 세월이
다가선다
적막에 길들으니
안 보이던
내가 보이고
마음까지도 가릴 수 있는
무상이 나부낀다

편지

먼저 핀 꽃도
나중 핀 꽃도
모두 다 지는 꽃이라

그대가 어제 피운 꽃 한 송이
오늘은 내게 와서 지고 있다

안부

강을 사이에 두고
꽃잎을 띄우네

잘 있으면 된다고
잘 있다고

이때가 꽃이 필 때라고
오늘도 봄은 가고 있다고

무엇이리
말하지 않은 그 말

인연설

어제 그대에게
머물렀던 바람이

오늘은 내게 불어와

일천 겹 그리움의
파도를 이룬다

마음 화상火傷

그대가
그림 속의 불에
손을 데었다 하면
나는 금세
3도 화상을 입는다

마음의 마음은
몇 번이고 몇 번이고
화상을 입는다

황혼

빨리 흐르라고
떠밀지 않아도

낙엽 한 잎 띄우고

강물은
사정없이 흐른다

고향

산 너머에
연기가
피어오르면

어머니,
하고 부른다

죽음

나를 떠나
멀리 있는 것이리

남들 속에 있지만
내 것은 아닌 것이리

내가 남이 되면
그 남 속에 있는 것이리

동백꽃 그리움

떨어져 누운 꽃은
나무의 꽃을 보고
나무의 꽃은
떨어져 누운 꽃을 본다
그대는 내가 되어라
나는 그대가 되리

2

변명

바람이 매화 가지를
꺾었다 마십시오

매화 가지가 꺾이고
바람이 불었습니다

마음의 덮개가
열리고 닫히는 것은
귀신도
못 봤습니다

첫눈

구름이 낮아지더니
눈이 내린다

과거는 현재로 오고
현재는
과거로 돌아선다

허름한 세월에
어두운 저녁에
고요하게 내리는
눈

하늘이 땅에
내려앉아서
쉬어가려나 보다

눈이 내리면
갈 길이
다른 사람과도
함께 걷고 싶다

친구에게

묶이운 몸이 싫어지면
이 바닷가에 와서
뜬구름처럼
한가로이
지내다 가오

거친 세월에
바람만 얽혀 있다고
적막해하지 말고
된서리 내리기 전
한번 다녀가시오

기쁨도
이기지 못할
나이가 되었으니
길게
바라지 맙시다

달밤

한 해에 한 번
운다는 바다가
오늘 밤
달과 함께 울고 있다

아마도
나를 대신
우는 모양이다

먼 데 있는
그대의
마음이 일렁이도록
밤새워 울 것 같다

귀로

흙은 흙으로
바다는 바다로
너는 너로
나는 나로
이르는 곳을 알아
이르러야 하리
그 그치는 곳을 알아
그쳐야 하리

길

길을 매어놓고
길을 단련시킨다
아직 지나야 할
늪은 먼데
조그만 어둠에도
걸려 넘어진다
길은
앞으로 나아갈 때만
길이다
머물러 있는 곳에서는
길은 숨어버린다
숨어 있는 길은
무덤이다

빈집에 누워

지난 허물 부끄럽다고
어물거리다가
새로운 허물에
쉽게 얽혀드니
나라는 게
그토록 미궁인가

연륜

그로부터
즐거움과 괴로움을
집착과 분노를
어리석음과 지혜를 알았습니다
마음을 접고
욕심을 물리쳐도
미처 이르지 못하는 길이
있다는 것도 알았습니다
그가
다 기울어져서야
쉽고 작은 데서 얻어지는
편안함을 귀하게 여겼습니다

자화상

오늘은 오늘에 빠져버렸고
내일은 내일에 허덕일 것이다
결박을 풀고
집을 떠나려 하나
벗을 것을 벗지 못하는
거렁뱅이라

3

어머니 1

한몸이었다
서로 갈려
다른 몸 되었는데

주고 아프게
받고 모자라게
나뉘일 줄
어이 알았으리

쓴 것만 알아
쓴 줄 모르는 어머니
단 것만 익혀
단 줄 모르는 자식

처음대로
한몸으로 돌아가
서로 바꾸어
태어나면 어떠하리

어머니 7

하늘과 땅은
갈라져 있어도
같이 있듯

저승에 계신
어머니는
자식의 가슴에서
이승을
함께 하시고

아플 일
아니어도
아프고
아파도
아프지 않은 마음

저가
어미 되어 알고
깊이 웁니다

어머니 18

모자람도
흠도
깨달아
알 때까지
감탄도
나무람도
없던 어머니

잊고 싶은 것은
아픈
불효 아니고
저입니다 어머니

흐린 소견
알려드리러
무덤에서
어머니 어머니

어머니 43

형제와
우애롭지 못하며
어찌
친구와는 사귈 수 있느냐고

먼 데 사람
가까이하려 말고
가까운 형제와
구순하게 지내라던
말씀 그리워

우애하고자 해도
그 형제 흩어져
못 미침이니
불효와 버금가는 괴롬
삶을 아프게 하고

한몸에서 나뉘인 형제
정의 깊기로 하자면
더 무엇 있으리

나와 같은 너를
너와 같은 나를
어머니는 한몸으로
사랑하시는데

어머니 47

세상의 일
욕심대로 되지 않으니
욕심을 줄이라는
말씀

애써 하려 해도
안 되는 것 있고
저절로 두어도
되는 일은 된다고

모든 허물은
제가 지어
제가 입는 것이니
그것에 매이지 말고

스스로 억제하는 힘
기르라는
당신의 뜻
따르기 어려워라

어머니 49

매를 들고
성내고
미워하는 일
뒤로 하고
우선은
가르쳤어라

가르침이 없는
사랑은
자식을
자라지 못하게 함을 알아
뜻은 받아주지 않으면서
허물은 눈감아주셨어라

남과 다투었을 땐
자식이 옳은 줄 알아도
두둔하지 않으시고
아서라
다투지 마라

서로 흠을 만들지 말고
되도록 유순하라 하였어라

어머니 50

빛 중에
해가 으뜸이듯이
사람 중에
어머니 제일이시네

학문을 많이
익힌 건 아니지만
사람의 법도法道
잘 다루시었고

의학을 몰라
의술은 아니어도
자식의 병
신통으로 다스리시고

당신의 병은
깊어도
앓지 못하시고
작은 몸 어디에

그런 힘
숨어 있답니까

4

사랑굿 1

그대 내게 오지 않음은
만남이 싫어 아니라
떠남을
두려워함인 것을 압니다

나의 눈물이 당신인 것을
알면서도 모르는 체
감추어두는 뜻은
버릴래야 버릴 수 없고
얻을래야 얻을 수 없는
화염火焰 때문임을 압니다

곁에 있는
아픔도 아픔이지만
보내는 아픔이
더 크기에
그립고 사는
사랑법을 압니다

사랑굿 2

그대와 내게
괴로움이 없다면
어디에
마음을
기댈 수 있나

괴롬에
깊이 머물면
성내는 마음
견뎌지고
무엇이나 빛이 되리

비록
괴로움의 끝에
설 수 있다 해도
기쁨을 두려워
꺼릴 줄 아는
몽매함 가졌어라

사랑굿 7

그곳이 어디든
무심無心한 곳으로
나는 가고 싶네

세상살이로
흐려진 눈
밀어버리고

혼자서 무어라
지껄인대도
들어줄 이 없는
적막에 싸여

그대를
조금씩 단념하면서
적막을 보태어
살다가 보면

설움도 나를
놓아주리니

사랑굿 30

바다는 비를
다시 받아들여도
넘치지 않고
흙은
물을 마시어도
물이 아니어듯
눈먼 영혼을 가진 그대여
나의 헌납을
속박 없이 받으시라

나의 오감五感은
그대에게 가는 빛을
막지 못하고
수렁에 빠져도
새롭게 접목되며
너로 가득 차고 싶다
무엇으로도 바꾸지 않을
나의 오욕汚辱을
아름답게 견뎌내며
묶인 채 자전自轉하리라

사랑굿 38

나만 흐르고
너는 흐르지 않아도
나는 흘러서
네가 있는 곳으로 간다

흐르다 만나지는
아무 데서나
빛을 키워 되얻는
너의 모습

생각이 어지러우면
너를 놓아버리고
생각이 자면
네게 가까이 가
몇 개의 바다를
가슴에 포갠다

사랑굿 40

물이어라

이룬 것 없는 듯
이루는

너를 잠기게 할 수 있고
네 속에 들 수 있는

죽어도 딴 마음
가질 줄 모르는

작은 것으로 큰 것을
머물게 하는

나를 잃지 않으면
너를 붙잡아둘 수 있는

물이어라

사랑굿 62

소리 없이 와서
흔적도 없이 갔건만
남은 세월은
눈물이다

무쇠바퀴 돌아간
마음 위에
그대 감아버린
가슴은
울음으로 녹아 있고

서로 먼 마음 되어
비껴 지나도
그대 마음
넘나드는
물새가 되고

물과 물이 섞이듯
섞인 마음을

나눠 갖지 못하면서
나눠 갖지 않으면서

사랑굿 65

그대를
이기는 일은
평온함으로
돌아가는 일
견딜 수 없음을
견디는 일
참다운 크기로
그대를
볼 때까지
다시 일어서며
괴로움으로
나를
지탱하는 일
새로운
아침을 기다리며
아직도
울 수 있는 것을
마음의
기쁨으로 여기는 일

사랑굿 93

화염火焰의
옷을
벗을 수도
벗길 수도 없어
태워지면서
형극荊棘의
길로 든다
살들이
타고 남은 재
영혼을
맑게 하고
그대만이
벗길 수 있는
이 옷은
타지도
낡지도 않고
나를 태운다

사랑굿 96

한때는
봄으로 머문
그대였는데
오늘은
가을빛으로
내게 와
쓸쓸함만 더해주는
그대

고통은 아무 때나
나를 깨워
그대 하늘 끝
울며 건너는
새가 되라 하는데

그대는 바르고
나는 어리석어
기울어진 하늘
이 세상 끝낼
그때에

단 한 번
그대 이름 부르리

사랑굿 108

나를
고집하여
생긴
병입니다
그림자만 걷는
이 길은
멀어
끝없는 길입니다
뜻하는 길로
가지지도 않고
가로질러
갈 수 없는
얼굴이
자신에게
안 보이는
길입니다

사랑굿 117

가을빛 속에
가득한
그대 목소리
설움으로
엉기어
멀어져 가네

괴로움도
기쁨도
그리움만 자라게 해
아픈 마음
세상에
들키고 말았어라

모든 걸
또 감추고
눈감고서도
그대를
벗지 못해
아득하여라

사랑굿 123

좋으리라 생각했던
내일이
더 좋았던 적은
한 번도 없었기에

속된 마음
모두 버리고
그대를 떠나
저물어가오

살면서 죽고 싶은
죽어도 살고 싶은
모순을 넘나들며
어질머리로
그대를 울어도

한세월
그대는 나를 돌아 부는
바람이었소

남몰래 흐느끼는
머언 바람이었소

사랑굿 155

백 년도
못 가는 길에
그대
앞서지도 말고
뒤에 서지도 말며
기쁨과
슬픔을
같이 나누기로 하오

욕심은
괴로움이라
마음
좁고 작아져
생명을 줄여도

그대여
우리
해 지면
편안히 쉬고
다시

아침 해 돋으면
서로를
빛나게 합시다

사랑굿 177

많지 않은 날이
오래인 것 같고
오래인 날이
순간인 것 같아
나를
눈물이게 하는 사람

소식 없어
만나지 않아도
순한 목숨으로
언제나
동행인 사람

많은 날
많은 생각으로 괴로워도
고난에
약해지지 않게
다시 아침으로
일어서게 하는
사람

5

문둥북춤 1

덩기덕 덩더 더러러
덩—덩 덩더 쿵—더

사랑이 되지 않는 살을 가지고
달래어도 멀어지지 않는
거부拒否의 몸

감각이 식어간 팔과 다리는
있는지 있었는지
뭉클리어 오그라들고

울고 있는 서로가
우는 것인지도 모르게
닳아진 그림자는 헐렁거리고

자는 살을 다시 데워
첫자리로 되돌려 달라고
신시神市를 향해 살풀이를 합니다

문둥북춤 5

덩기덕 덩더 더러러
살이 썩어가는 냄새를 맡게 해다오
덩―덩 덩더 쿵―더

덩기덕 덩더 더러러
형가刑架에 못 박힌 모습이
덩―덩 덩더 쿵―더
눈을 감으면 눈시울 속에 있네

덩기덕 덩더 더러러
꿈은 인광燐光처럼 얼고
덩―덩 덩더 쿵―더
죄업罪業의 의미를 깨버리지 못하네

덩기덕 덩더 더러러
잊음과 고통이
덩―덩 덩더 쿵―더
주렁주렁 달린 설움을 달래듯
아직도 울 수는 있다네

덩기덕 덩더 더러러
새빨간 피 한 옴큼 나오지 않는
살을 가졌대도
덩―덩 덩더 쿵―더
푸른색은 푸르게 보이고
덩기덕 덩더 더러러
빨간색은 빨갛게 보이는
덩―덩 덩더 쿵―더
눈만은 아직도 꽃밭이라네
눈만은 지금도 눈물밭이라네

문둥탈춤 3

한 마리의 새로 태어나자
눈물로 자라는 육신은 눈물밖에 키우지 못한다
옷을 벗어 버리고 빛나는 가면일랑 재가 되게 하자
내일은 오늘을 침식시키고
꿈인 줄 알면서 버리지 못하는 꿈은
어디로 가야 할지를 몰라 서성대기만 한다
모른 척해도 모두 알고 있는 비밀이 무너질지라도
당황하거나 겁내지 말자
겁이 많아 가두어 놓고 격리시킨
영혼을 울게 하더라도

문둥탈춤 5

쿵기덕 쿵더 더러러
현실적 시간의 허무와 영광을
쿵—쿵 쿵더 덩—더
풀고 헤치고 끄르고 이으며

쿵기덕 쿵더 더러러
새로 열릴 리 없는 빛의 무리는
쿵—쿵 쿵더 덩—더
운명의 감각을 해방시키고

쿵기덕 쿵더 더러러
망각에의 속죄가 되게 하여
쿵—쿵, 쿵더 덩—더
갈라진 삭신의 무질서를 녹이는
음조音調를 낮게 하네

쿵기덕 쿵더 더러러
무심無心과 무관심의 방법을 알게 하시고
쿵—쿵 쿵더 더러러
만성慢性된 상처를

추상抽象으로만 남게 하소서

쿵기덕 쿵더 더러러
추상으로 남은 몸을 텅 비게 하시고
쿵 쿵 쿵더 더러러
신성神性으로 얽힌
목숨으로만 채우게 하소서

일기 日記 6

흙과 섞이어 자연으로 누울
내가 보이는데
흔적을 구하려는 옳지 않음이
옳음처럼 나를 결박합니다
띠를 두른 흙냄새가
목을 감아도
묶어서 던져 버리지 못하는
오늘은 옳지 않음의 반복입니다

일기 日記 7

깨어남과 잠든 것이
흙과 꽃의 가름임을
한마음에 두게 되었습니다
꽃 속에 누운 얻음이
얻음이 아니고
산 속에 누운 잃음이
잃음이 아닙니다
자랑이던 것이 상처가 되어
빈터에 걸려 있습니다
빛 아닌 빛이 빛이라면
구하던 만큼 버리고 싶습니다

백자白瓷

빛으로 충만한
그대 이마에
맑은 피는
고여 흐르고

속눈썹 깊은 숲으로
금빛 광채 나는
길이 열리네

소망으로 참아낸 밤하늘에
꽃은 피고
은실의 실오락지에 흐르는
삼천년三千年 역사

그 흰 꽃엔
식은 피 덥히는 눈물이
등불 되어
환희 켜져 있네

변명辨明

어렸을 적 접어서 띄운
수많은 종이배

무거운 걸음으로
돌아서 오네

무지갯빛 조개와
능금나무 실한 열매를 싣고
금실의 돛을 달고 떠나간 배가
오므라든 목숨만을 싣고 왔네

고리를 풀어놓은
만발한 절망
돌아온 슬픈 안정

오늘도 무거운 잠에 빠져
행방을 잃고
돌아오지 않는 배를
백발이 올 때까지 기다리며 산다네

환영 幻影

얼굴조차 잊었다
생각수록 더욱 멀어질 뿐
빈 얼굴만
세월에 걸려 있다

바람이 불고
들끓는 아픔이
일상을 몰아치면
거울 속에 하늘
그게 당신이다

눈먼 사람같이
귀먹은 사람처럼
내게 오는 가능성
돌아와 모른 체
비켜 지난다

그의 기억은
젊은 나이로
살게 한다

■ 김초혜의 시세계

심층의 북소리와 언어적 공간

황 광 수

　지난 십 년 사이에 삶에 대한 성찰이 더욱 깊어진 김초혜 시인은 사십오 년째 시를 쓰며, 시집 열한 권과 산문집 네 권을 펴냈다. 그의 활동기간에 비추어 놀랄 만한 생산량은 아니지만, 그의 이력에서 조금 놀라운 것은 꽃다운 나이에 시인이 된 지 20년이 지나서야 첫 시집(『떠돌이별』, 1984)을 내놓았다는 것이다. 그의 시작생활 전반기는 결혼을 하고 아이를 낳아 기르면서 직장생활까지 하느라 시작에 전념하기 어려운 기간이었으리라 짐작되지만, 그 시절에도 그는 시 쓰기를 멈춘 적이 없었다. 첫 시집을 내놓자마자 한국문학상을 받은 것을 보면, 그 기간은 시의 질적 수준을 끌어올리기 위한 각고의 시간이었을 것이다. 그 후, 시인은 이 년 터울로 시집이나 수필집을 간행했고, 다섯 차례 문학상을 받았으며, 『사랑굿』 세 권으로 베스트셀러 시인이 되기도 했다. 이것만으로도 시인의 한평생에 여한이 없을 듯한데,

최근 일 년 남짓한 사이에 내놓은 두 권의 시집은 그의 시적 개성이 새롭게 꽃피고 있는 모습을 뚜렷이 보여준다.

그의 화려한 성공을 먼저 보아 버린 사람이라면 첫 시집의 무겁고 장중한 분위기에 놀라면서 그의 전반기 20년이 그 한 권 속에 응축되어 있다는 사실을 새삼 되짚어 보게 될 것이다. 이 시집을 펼치면, 어두운 지하에서 울려오듯 둔중한 북소리가 우리의 마음 밑바닥을 뒤흔든다. 그것은 언어 이전의 소리이다. 그 소리를 둘러싸고 있는 말들은 그 무거운 떨림에 최소한의 의미를 부여하고 있는 것처럼 보인다. 화자는 자신의 내면에 억압된 무엇인가가 의식의 지각을 두드리는 진동에 몸을 내맡기고 있다. 이처럼 「문둥북춤」 「문둥탈춤」 연작들에서 울려오는 북소리 장단은 단순한 추임새나 강세強勢 리듬이 아니다. 그것은 우리의 가슴으로 울려오는 운명의 발소리 같기도 하고, 말로써는 표출할 수 없는 서러운 떨림 같기도 하다. 그것은 참혹하게 허물어져 가는 육신을 눈물로 포용하며 천형적 운명에 맞서는 자의 심장의 고동소리처럼 들리기도 한다.

덩기덕 덩더 더러러
살이 썩어가는 냄새를 맡게 해다오
덩—덩 덩더 쿵—더

덩기덕 덩더 더러러
형가刑架에 못 박힌 모습이
덩—덩 덩더 쿵—더

눈을 감으면 눈시울 속에 있네

덩기덕 덩더 더러러
꿈은 인광燐光처럼 얼고
덩—덩 덩더 쿵—더
죄업罪業의 의미를 깨 버리지 못하네

덩기덕 덩더 더러러
잊음과 고통이
덩—덩 덩더 쿵—더
주렁주렁 달린 설움을 달래듯
아직도 울 수는 있다네

덩기덕 덩더 더러러
새빨간 피 한 옴큼 나오지 않는
살을 가졌대도
덩—덩 덩더 쿵—더
푸른색은 푸르게 보이고
덩기덕 덩더 더러러
빨간색은 빨갛게 보이는
덩—덩 덩더 쿵—더
눈만은 아직도 꽃밭이라네
눈만은 지금도 눈물밭이라네

—「문둥북춤·5」 전문

젊은 나이의 시인이 어떻게 자신의 존재를 '문둥이'라는 시적 화자로 제시하게 되었을까? 이처럼 참혹한 자의식은 어쩌면 젊은 시절의 이상과 현실 사이의 괴리에서 오는 고통이 내면화된 것일지도 모른다. 그러나 자신의 존재를 "썩어가는 냄새"로 확인할 수밖에 없는 상태는 몸을 가진 인간으로서 가닿을 수 있는 극한이기에, 인간의 존재론적 비극성과 결부될 수밖에 없다. 우나무노는 인간에 대한 기존의 정의들이 몸이 없는 비인간을 보여 주었을 뿐이라며 인간의 비극성은 살과 뼈를 지닌 존재인 인간의 자의식에서 싹튼다고 말한 바 있다. 행간 사이사이에 파고든 북소리는 그러한 자의식이 작동하는 순간마다 화자의 마음속에서 이는 진동을 육화하면서 비극성을 고조시키고 있다. 이러한 화자에게 남아 있는 것은 형태와 색깔과 냄새를 인지할 수 있는 감각과 자기 존재의 비극성을 초극하려는 근원적 의지뿐이다. 그러나 뒤집어 보면, 이러한 극단적 자기인식은 시적 자아의 내면에 감추어져 있는 근원적 의지, 즉 자신의 몸에서 '살'까지 털어내 버리고 순수한 절대감각을 추출해 내려는 강렬한 의지의 표현이기도 하다.

이 연작들에서 시인은 다양한 변주들을 통해 인간의 보편적 비극성을 처절하게 그려 내고 있지만, 화자는 어떠한 낭만적 자기 위안도 없이 근원적 고통을 통해 진정한 삶의 의식을 싹 틔우려는 강인한 의지를 불태우고 있다. 인간은 한계상황에서만 자신의 운명을 만날 수 있고, 그에 대한 극복의 가능성도 열리기 때문이다. 그렇다면, 이러한 초극은 어떻게 가능한 것일까? 그것은 "지는 살을 다시 데워/ 첫자리로 되돌"(「문둥북춤・1」)리고, "있음도 없음으로/ 없음도 없음으로"(「문둥북춤・10」)되는 절대무絶對無의 경지를 거쳐야만 한다. 이러한 절대순수의 감각은 보통사람들의 생활 감각과는 너무도 동떨어져 있기에, 시적 개성의 탄생설화 같은 분위기에 감싸여 있다. 이처럼 젊은 시인은 정신의 0도 상태를 거치지 않고서는 진정한 시적 주체로 거듭날 수 없으리라는 자의식에 지펴 있다.

이러한 존재론적 성찰을 거친 시인은 첫 시집의 분위기와는 사뭇 다른 『사랑굿』 1・2・3(1985~1992)을 내놓는다. 하나의 주제로 183편의 시를 줄기차게 써낸 창조적 원동력은 시인의 감각이 다양한 시적 모티프들을 발견할 수 있는 삶의 차원에 닻을 내리고 있다는 증거로 보인다. 이 연작시들에서 '사랑'은 인생의 모순적 조건과 갈등, 자아와 타자를 갈라놓는 시공간적 거리를 넘어서려는 욕망과 결부되어 있으며, 천형과 같은 비장함보다는 희망과 기쁨 또는 고통의 잔잔한 수용으로 나아가려는 지향성을 품고 있다. 그것은 운명을 향한 대결의식보다는 그 대상을 그리움과 갈망이라는 동화同化적 정서 속으로 끌어당기거나, 이해와 용서라는 관용의 마음으로 감싸 안거나, 때로는 대상을 본래 있던 자리에 그대로 놓아두려는 자기절제로 표출된다. 그것은 '너', '그대', '당신' 등으로 불리는 존재들과 관련되면서 삶의 굽이굽이에서 피어나는 온갖 정서들을 조율하여 삶의 의미로 고양시키는 내밀한 역동성으로 작용하고 있다.

사랑하는 대상과의 거리에서 움트는 그리움의 정서는 놋

쇠 속에 응축된 소리로 표상되기도 한다. "울릴 듯한 울릴 듯한/ 징이나 되어서/ 마음껏 그대나/ 그리워하자"(「사랑굿·23」)는 구절에서 '징'은 소리를 내고 있는 것이 아니라 "울릴 듯한 울릴 듯한" 상태에 있기에, 그 느낌은 더 간절할 수밖에 없다. 그런가 하면, "너와 내가 합쳐져/ 하나의 별이 되자/ (…중략…)/ 억만 광년의 빛으로/ 반짝거림이 되자"는 구절에 내재되어 있는 그리움은 여전히 하나가 되지 못한 채 아득한 우주적 시공간에까지 뻗어 있다. 거리가 소멸되면 그리움도 소멸되기에, 한 공간에 있게 되면 서로에게 상처를 줄 수도 있다. 그래서 화자는 "이제는 피차에 아주/ 낯설은 사람이 되자// 서로를 위한 것이/ 서로에게 칼이 되었다는 것을 알고/ 죽은 흙이 되자"(「사랑굿·33」)고 단호한 결별을 선언하기도 한다. 이것 역시 사랑의 부정이라기보다는 더 큰 긍정으로 나아가려는 거리 두기일 것이다. 한 마디로 이 시집에는 사랑으로써 욕망과 고통을 다스리며 삶의 의미를 재창조하려는 의지가 지속저음持續低音(basso continuo)처럼 흐르고 있다. 이러한 사랑은 "그리움에 더는/ 괴롭지 않을/ 세상으로 가며/ 그대를 그대에게／ 되돌려 주"(「사랑굿·182」)는 사별의 수용으로 변주되기도 한다. 그러고 보면, 김초혜가 생각하는 '사랑'은 무리한 끌어당김이 아니라 존재 자체를 본래의 자리로 되돌려 줌으로써 완성되는 것처럼 보인다.

  1988년에 내놓은 『어머니』는 이러한 경향에서 다소 비켜서 있지만, 이 연작시집 역시 어머니와 자식이라는 보편적이면서도 특수한 사례를 통해 사랑의 양상을 좀 더 구체적으로 탐구하려는 의지의 산물로 보인다. 그래서 모자간의 존재론적 차이와 거리에 대한 뼈아픈 성찰이 이 시집을 관통하고 있다. 가장 가까워야 마땅할 것으로 생각되는 어머니와 자식 사이의 관계는 일차적으로 존재의 나뉨과 성정의 엇갈림이라는 운명적 조건에 지배받고 있다. 존재의 나뉨을 생물학적 차원에서 살펴보면, 수정란이 자궁벽에 착상할 때 본능적인 거부반응으로 입덧을 하던 모체는 일정 기간이 지나면 자기 뼛속의 칼슘까지 바쳐 태아를 기르고, 몸 밖으로 내보낸 이후에도 자기 몸처럼 보살핀다. 그러나 이러한 과정을 기억할 수 없는 자식은 하나의 개체로서 자신의 욕망에만 지배된다. 「어머니・1」은 이러한 존재의 나뉨 때문에 생겨난 거리와 성정의 엇갈림에 대한 빼어난 성찰이다.

한몸이었다
서로 갈려
다른 몸 되었는데

주고 아프게
받고 모자라게
나뉠 줄
어이 알았으리

쓴 것만 알아
쓴 줄 모르는 어머니
단 것만 익혀

단 줄 모르는 자식

처음대로
한몸으로 돌아가
서로 바꾸어
태어나면 어떠하리

1연은 존재론적 나뉨을, 2연과 3연은 그로 인한 감각의 차이, 4연은 그 차이 자체를 넘어서려는 의지를 내비치고 있다. 그러나 한몸이 되는 것은 화자의 간절한 소망일 뿐 가능한 것이 아니기에, 이 시 뒤에 놓인 50편의 시들은 그러한 '차이'에서 비롯된 아픈 깨달음의 다양한 변주들이 될 수밖에 없다. 서양의 정신병 연구자들 가운데에는 거의 모든 정신질환의 원인을 어머니 탓으로 돌리는 이들도 있다. 어머니는 '무제한적 사랑' 때문에 자식에게 해결할 수 없는 자책감과 죄의식을 유발하거나 지나친 배려와 간섭으로 자식에게 정신적 강박을 초래하게 된다는 것이다. 이러한 주장은 극히 일면적으로만 타당하지만, 모자간의 감각적 차이가 얼마나 건너뛰기 어려운 것인지를 명징하게 드러내고 있다. 이런 점에서 보면, 이 시의 마지막 연은 자식의 죄의식과 얼마간 연관된 것으로 읽힐 수도 있다.

존재론적 모순에도 불구하고 그것을 당연시할 수 없는 화자는 때로는 깊은 회오의 감정에 휩싸이기도 하지만, 그것만으로 면죄부가 주어질 수 없다는 것도 뚜렷이 자각하고 있다. 그에게 어머니는 사랑의 층위에서 언제나 비교될 수 없을 만큼 높은 차원에 있다. 그러나 이 시집의 화자는 자신의 죄의식을 넘어설 만큼 모성을 깊이 이해하고 있는 듯하다. 한 마디로 그에게 어머니는 "인생의 무게/ 그날그날이/ 첫날처럼/ 무거워도/ 자식 앞에선/ 가볍게 지는 어머니"(「어머니·6」)이다. 화자는 어머니와의 사별이 사랑의 종말이 아님을 다양한 국면들을 통해 증거하면서 어머니에게 받은 사랑을 되돌려 줄 수 있는 길을 찾아가고 있다. 그것은, 지워버릴 수 없게 된 '그리움'을 돌아가신 어머니의 숨결과 삶의 지혜를 현재화할 수 있는 원동력으로 활용하는 것이다.

김초혜의 시세계에서 다소 예외적인 것으로 보이는 『세상살이』(1993)는 한 마디로 80년대에 대한 역사적 부채의식의 표현이다. 이 시집의 지배적 정서는 "어둠인 이 세상을/ 등지고 비켜서서/ (…중략…)/ 저물지 않는 한세상만 꿈꾸었다"(「세상살이·3」)에서 드러나듯이, 참담한 정치적 현실로 인해 희생된 사람들, 민족의 독립과 통일에 헌신한 사람들, 사회의 밑바닥에서 신음하는 사람들과 함께하지 못하는 자신의 대한 자괴감이다. 화자는 "죽음을 피한 삶 위에서/ 죽은 이들을 노래하는/ 뉘우침은/ 또 얼마나 헛된 것인가" 하며 자신의 시 쓰기에 회의를 느끼거나 "나는/ 사랑을/ 조금씩 섞어/ 역사를 죽이는/ 검은 증인"(「세상살이·21」)이라며 어설픈 사랑으로 역사에 대한 면죄부를 얻으려 했던 자신에 대한 가차 없는 비판을 가하면서도 역사의 고통에 함께하려는 의지만큼은 부려 놓지 못하고 있다. 그래서 화자는 한계를 지닌 자신과 사회적 진실 사이의 거리를 꾸준히 좁혀 가는 방향으로 나아간다. "눈뜨고 못 보는 장

님"이었던 자신이 "눈을 뜨고 보니/ 온몸은/ 구덩이가 되어 있었"지만 "간신히 걸음마를 배워/ 어정버정/ 이 세상 저 세상 기웃거린다/ 나를 가로막는/ 나를 걷어내면서"(「세상살이·45」)라며, 화자는 어두운 세상에서 눈을 돌리고 싶은 본능을 극복하면서 세상에 대한 관심의 끈을 놓지 않으려는 마음을 견지하고 있다.

김초혜의 시적 이력을 돌이켜 보면, 인간 존재의 심층으로부터 사회적 현실이라는 의식의 표층으로 떠오르는 과정을 착실히 걸어가고 있는 모습이 눈에 들어온다. 이 시집에 이르기까지 김초혜의 시들은 인간의 존재론적 조건들에서 출발하여 인간의 보편적 정서인 사랑의 속성을 탐색하며 험난했던 80년대의 정치적 현실까지 아우르는 여정을 거쳤지만, 20세기의 막바지에 이르러 의지와 사랑의 출렁거림이 잔잔해지면서 세상에 대한 관조 또는 성찰이 주조를 이루는 시세계를 펼쳐 가기 시작한다.[1] 역사적 부채의식에 사로잡혔던 시인은 이제 정치나 경제적 현실보다 더 보편적인 인간적 현실을 탐구하는 방향으로 나아가면서 시집 『그리운 집』(1998)을 내놓는다. 이 시집은 사회적 이데올로기나 종교적 교리, 심지어는 보편적 휴머니즘에도 의존하지 않는 맑은 정신으로 천명天命을 알게 된 시인의 내면세계를 펼쳐 보인다. 그것은 '시인의 말'에서 밝히고 있듯이 "행위 자체

---

[1] 그의 시작생활 45년을 전기·중기·후기로 나눌 수 있다면, 첫 시집을 내놓기까지 20년간이 전기, 이후 『세상살이』를 내놓은 1993년까지가 중기, 『그리운 집』을 내놓은 이후 지금까지가 후기라고 말할 수 있을 것이다.

가 목적이 되게 하는 것, 그래서 시를 쓰고 시집을" 내는 행위 자체를 자신의 삶으로 받아들이려는 태도와 연관되어 있다. "나를 가로막는 나"와 그것을 걷어 내려고 안간힘을 썼던 '나' 사이의 분열을 넘어서면서 시인은 하나의 주제에 관심을 집중하기보다는 다양한 주제들을 두루 포괄하게 된다. 이제 사랑도 뜨거운 열정보다는 정일한 관조를 통해 시리도록 투명한 이미지로 드러나고 있다.

> 달밤이면
> 살아온 날들이
> 다 그립다
>
> 만 리가
> 그대와 나 사이에 있어도
> 한마음으로
> 달은 뜬다
>
> 오늘 밤은
> 잊으며
> 잊혀지며
> 사는 일이
> 달빛에
> 한 생각으로 섞인다
>
> ―「만월滿月」 전문

그리움이나 사랑은 이제 "햇빛으로 서신 이"(「사랑굿·114」)로서의 '그대'처럼 열정적인 이미지 대신 달빛 가득한 공간을 배경으로 잊거나 잊히는 모습으로 차갑게 영글어 가고 있다. 이처럼 맑게 정화된 심미상태에서 달빛은 '만 리'나 되는 거리감을 무화시키는 시각적 이미지에 그치지 않고 지천명知天命이라는 인간적 성숙까지 함축한다. "살아온 날들이/ 다 그립다"고 말하거나 "적막에 길들으니/ 안 보이던/ 내가 보이고/ 마음까지도 가릴 수 있는/ 무상이 나부낀다"(「가을의 시」)고 노래할 수 있게 된 것이다. 이러한 경지는 물론 나이가 들어가면서 저절로 얻어진 것이 아니라 "들녘에 서서/ 구름이 이는 모습도 보고/ 꽃내음도 맡으며/ 쉼 없이 뒤집혔던 세월을/ 삭이고 있다"(「꿈길에서」)는 고백에서 드러나듯, 지난날의 과오를 되새기며 쉼 없이 자신을 닦아 온 결과이다. 그러니까 화자는 자족적인 공간에서 관조만 하고 있는 것이 아니라 "길이 기다리고 있을 땐/ 속된 노래만 부르고 있었다"(「저무는 길」)며 지나온 날들을 뉘우치거나 "나를 태우고/ 너를 태울 불을/ 당겨보지도 못"(「근원」)했다며 치열하게 살지 못했던 지난날을 회오하면서도 자신의 한계를 넘어서려는 헛된 모험에는 선뜻 뛰어들지는 않는다. "여름은 알지만/ 가을은 모"르는 매미처럼 자신도 한정된 인식에 갇혀 있을지 모른다는 생각 때문이다. 한 마디로, 과불급過不及이 없는 중용의 덕을 체득하고 있는 것이다.

이것은 물론 체념이나 타협과는 전혀 다른 것이다. '중용中庸'의 '중中'이 '가운데'가 아니라 '맞히는 것'을 의미하듯

이, 자신의 한계를 아는 화자의 시선이 바깥세상을 향하게 되면, "검찰은 범죄자를 두둔하며 개혁하고/ (…중략…)/ 지식인은 파렴치한 침묵으로 개혁하고/ 우리는 스스로 속고 속이며 개혁한다"(「개혁」)며 '개혁'을 남발하는 우리 사회 지배세력의 위선을 통렬하게 폭로는 날카로움을 지니게 된다. 이러한 시선은 자아의 내면을 겨냥할 때 더욱 가차 없는 비판으로 나아간다.

> 나는 괴롭지 않다
> 가면을 쓰고 다니기에
> 가면에 가면을 덧쓰고 다니기에
> 나의 이중성은 들킬 염려가 없다
> 추잡한 굿에는 이골이 났다
> 깊은 밤 혼자가 되어서야
> 가면을 벗는다
> 아주 작아진 나를 본다
>
> ―「가면」 부문

화자는 자신의 가식假飾을 스스로 조롱하고 있지만, 융의 심리학은 사회화된 인간의 인격이란 가면에 지나지 않은 것임을 뚜렷이 밝혀 놓았다. "인간들을 문명화하는 과정은 (…중략…) 대다수 사람들이 그 뒤에 숨어 사는 가면을 쓰게 함으로써 인간과 사회를 화해에 이르게 한다. 융은 이러한 가면을, 고대의 배우들이 자신의 역할을 나타내기 위해 썼던 가면의 이름을 빌어, 페르소나(persona)라고 불렀다

."2) 이런 의미에서 '가면'은 사회화된 모든 사람의 운명이고, 그것은 쉽게 벗어 버릴 수 있는 것이 아니다. 그런데도 "깊은 밤 혼자가 되어서야/ 가면을 벗는다/ 아주 작아진 나를 본다"고 말하고 있는 것을 보면, 화자는 너무 가혹하게 자신의 '이중성'을 의식하고 있다. 그러기에 그는 자신을 "벗을 것을 벗지 못하는/ 거렁뱅이"(「자화상」)에 비유하기도 한다. 그는 타인들을 향해 자기 자신을 경계하라고 부추기거나 "나는 누구와 진실한 우정도/ 나눌 수 없이/ 아주 독선적인 사람입니다/ 겉으로는 부드럽고 너그러워 보이지만/ 감추어진 내면에는/ 오만과 편견이 가득한 사람" (「비밀」)이라고 자신을 채찍질하고 있다.

이러한 시들과 함께 자신의 무력함이나 인생의 덧없음을 노래한 시들이 많아지고 있는 것을 보면, 이 무렵 시인은 장년에서 노년으로 넘어가는 어름에서 일종의 통과의례를 톡톡히 치르고 있는 것처럼 보인다. 때로는 인생의 허무와 고독을 읊조리기도 한다. 희망을 노래하면서도 "그냥 내 속에서/ 덧없이 살고 싶다"(「희망」)고 하거나 "눈멀고/ 귀먹고/ 벙어리 되어/ 기쁨에도/ 괴로움에도 속지 않으며/ 남은 세월/ 아끼며 사는" 것을 바라는 심성에 시인은 '야망'이라는 제목을 붙여 놓았다. 그런가 하면, 분노나 탐욕을 경계하거나 겸손과 인내를 권유하거나 이해와 헌신을 다짐하는 아포리즘에 가까운 시들도 간간이 눈에 들어온다. 그러나 「어느 시인의 죽음」에서 시적 자아는 자신의 죽음 또는 부재를 더

---

2) Frieda Fordham, An Introduction to Jung's Psychology, Penguin Books, 1991, pp. 47~48.

듬으면서도 결국은 "허망의 덫을 걷어내고" 진정한 자아를 회복하려는 지향성을 드러낸다. 그리고 이어지는 시 (「강 건너 봄이」)에서는 "한밤에 나는 아무도 몰래/ 저 강을 건널 것이다/ 언 물이 안 녹고 있어도/ 어떻게든 저 강을 건너/ 본래의 모습대로 돌아가리라"고 존재의 근원으로 돌아가려는 강한 의지를 내비치고 있다. 화자는 존재에 대한 회의懷疑의 어두운 회랑을 지나오며, 모든 속박을 벗어 버리고 떠날 준비를 하고 있는 것처럼 보인다. "매일 조금씩 떠난다/ (…중략…)/ 그대를 버려두고/ 오늘도 혼자서/ 더 멀리 땅끝으로/ 조금씩 조금씩 떠나고 있다." (「삶의 이랑」)

이처럼 더딘 변화를 날카롭게 의식하는 것은 또 다른 세계의 문턱에 이른 시인의 새로운 시간감각에서 비롯된 것이고, 그것을 통해 화자는 자신에게 새로운 생을 마련할 만한 것들이 남아 있다는 사실도 새롭게 발견한다.

아직 다치지 않은
마음이 있다
하늘 높은
상념도 있다
새로운 뇌수腦髓가 솟아나
빛과 음音을
붙들 수도 있다
그래서 나는
나를 파기하지 않고
시간의 틈바구니 속에

끼고 있다
― 「시법詩法」 전문

 이처럼 "시간의 틈바구니"를 발견한 화자는 여전히 생동하는 시적 감수성을 지닌 채 아침햇살을 맞이하듯 새로운 영토로 나아갈 태세를 내비친다. 비장한 열정이 허물어져 가는 육신을 뚫고 북소리로 터져 나오게 했던 젊은 날의 시인이 인생에 대한 관조와 냉혹한 자기성찰을 거쳐 이 지점에 이른 것이다. 화자는 이제 낮고 조용한 목소리로 더불어 사는 것의 아름다움을 들려준다. "사람의 마음을 모으기 시작하자/ 그 자체가/ 하나의 집인 것을 알게 되었다."(「그리운 집」)
 그리고 팔 년간의 침묵 끝에 시인은 『고요에 기대어』(2006)를 내놓는다. 왕성한 생산성을 보였던 중기에 비추어 꽤나 길어 보이는 이 기간은 인생의 중대한 이행기에 이루어진 오랜 기다림의 시간이었다. 극적인 사건들의 소용돌이에서 벗어나 있는 노년은 사소하고 작은 변화들에 눈뜰 수 있는 시간이기도 하지만, 그러한 인식이 이루어지기까지는 의외로 많은 시간이 걸린다. 이러한 기다림은 '그리움'의 정서와도 잘 어울린다. 그것은 화자가 자신의 병과 주변 사람들의 죽음에 대한 성찰을 거치면서 더 깊고 고요해진 마음 바탕에 뿌리내린 '사랑'의 다른 이름이다. 그것은 너무 가까이 끌어당기면 뒤틀릴 수밖에 없는 대상을 본래의 자리로 되돌려 줌으로써 생긴 거리에 대한 감각이기도 하다. 그것은 어쩔 수 없는 변화를 자연의 순환으로 받아들이는 잔잔한 성찰과 동행한다. 이러한 '거리'는 대상을 구김살 없이 바라볼 수 있는 최적의 조건이다. 이를테면, "떨어져 누운 꽃은/ 나무의 꽃을 보고/ 나무의 꽃은/ 떨어져 누운 꽃을 본다"(「동백꽃 그리움」)에서, 피어 있는 꽃과 져 있는 꽃은 이승과 저승만큼이나 단절되어 있는 것 같지만, 그러한 느낌은 삶과 죽음에 대한 우리의 잘못된 통념에서 비롯된 것이다. 그것들의 눈길에는 별리에 대한 아쉬움이 얼마간 배어 있지만, 서로 간의 자리바꿈에 대한 기대 때문에 잔잔한 그리움이 더 짙게 배어 나온다. 그것들은 앞서거니 뒤서거니 생성적 순환 속에 놓여 있기 때문이다.

그런가 하면, 「변명」에서 화자는 생성적 인과관계가 뒤집히는 미묘한 순간을 날카롭게 포착하고 있다.

바람이 매화 가지를
꺾었다 마십시오

매화 가지가 꺾이고
바람이 불었습니다

마음의 덮개가
열리고 닫히는 것은
귀신도
못 봤습니다

상식의 눈으로 보면, 바람이 불어야 나뭇가지는 꺾인다.

그러니까 누군가 "매화 가지가 꺾이고/ 바람이 불었"다고 말한다면, 말도 안 되는 '변명'처럼 들릴 수밖에 없다. 그런데 마지막 연은, 인과관계가 뒤집힐 수도 있는 차원을 살짝 열어 보인다. 자연현상이 마음의 작용으로 환치되면서 매화 가지의 꺾임이 마음의 열림으로 읽히는 것이다. 이처럼 사랑하는 마음이 열리고 닫히는 것은 '귀신'조차 알 수 없을 만큼 신비스러운 것이다. 그러한 마음은 대상의 부재 속에서도 그것의 다가옴을 예감하며 먼저 열릴 수 있는 것이다. 그래서 이 시는 오묘하게 아름다운 연애시로 읽힌다. 과거와 현재, 하늘과 땅, 갈 길이 서로 다른 사람들 사이가 가까워지는 눈 내리는 날의 분위기에 감싸여 있는 「첫눈」의 밑바닥에도 이질적인 것들을 융화시키는 힘이 작용하고 있다. 그리고 "한 해에 한 번/ 운다는 바다가/ 오늘 밤/ 달과 함께 울고 있다/ (…중략…)/ 먼 데 있는/ 그대의/ 마음이 일렁이도록/ 밤새 울 것 같다"(「달밤」)고 노래하는 것을 보면, 시인의 감각은 여전히 젊다.

 그리고 죽음에 이르는 느린 변화에 대한 감각이 더욱 섬세해지고 있다. "한 번에 무너지는/ 자운영 꽃밭보다는/ 매일 무너지는/ 자운영 꽃밭을"(「인생」)이라는, 목적절 하나로 완성된 이 시는 맨 끝에 타동사 하나를 감추어 두고 있다. 그것은 '보다'의 청유형일 것이다. 사람들은 한꺼번에 무너지는 극적인 변화만 알아차릴 뿐 한순간도 멈추지 않는 느린 변화는 감지하지 못한다. 더디고 느린 변화를 간파하는 것은 죽음의 진행에 대한 날카로운 자각이다. 이 시에서 "자운영 꽃밭"은 화자가 죽음을 성찰하고 있는 삶의 현장이다. 이제 시인은 매화나무의 가지가 꺾이거나 자운영 꽃밭이 무너지는 작은 변화들을 감지하며 그것을 섬세하게 표현할 수 있는 새로운 시간감각을 지니게 된 것이다. 그러나 개체의 '죽음'은 "단 한 번의/ 들숨과 날숨 사이"(「들숨과 날숨 사이」)로 의식될 수도 있고, 그것이 화자 자신의 것으로 경험될 때에는 그 분위기가 사뭇 달라진다. 그것은 집에 가려는데 다른 쪽으로 발길이 옮겨지는 안타까운 느낌 같은 것으로 감지된다. "내가 내 집으로/ 들어가는 길이/ 역(逆)의 방향으로/ 가는 것 같아// 전속력을 내어/ 도망가려 하나/ 어둠이 어른대며/ 자꾸 나를 불렀다"(「생명」)라는 이 악몽 같은 느낌은 몸과 의식이 어긋나는 늙음의 경험을 아프게 전해 준다.

"죽을 수밖에 없는 운명을 지닌 자들은 죽음을 죽음으로 경험할 수 있는 자들이다. 동물들은 그렇게 할 수 없다. 하지만 동물들은 말을 할 수도 없다."[3] 특별한 사람을 제외하고 모든 사람은 죽음뿐만 아니라 늙음도 경험할 수 있고, 그러한 경험을 말할 수도 있다. 그런데 이 시집의 화자에게 늙음은 자신이 몸담았던 세계로부터 멀어져 간다는 느낌으로 경험된다. 그리고 그러한 느낌은 "그늘진 존재로/ 먼 산이 되어 간다"(「육십 고개」)는 자의식으로 표출된다. 그러나 세계와 자아 사이에는 본래 그만큼의 거리가 존재했었다는 것을 깨닫게 되면 늙음에 대한 고통스러운 자의식에서 벗어

---

[3] M. Hiedegger, Unterwegs zur Sprache, Pfullingen, 1967, p. 215. Giorgio Agamben, Language and Death, University of Minesota Press, 1991, xi에서 재인용.

나 새로운 감각을 갖게 된다. 욕망에 들려 있을 때에는 알수 없고 볼 수 없었던 것들이 보이게 되는 것이다. 이를테면, 「욕망」에서 화자가 "활시위를 당깁니다/ 집중할수록/ 하늘과 땅이 어긋납니다/ 과녁을 바꾸니/ 시들은 가슴에/ 싹이 돋습니다"라고 타인에겐 듯 자신에겐 듯 내비치고 있는 것은 대상에 대한 집착에서 벗어나면 삶의 감각이 제자리를 찾게 된다는 깨달음이다.

  그리움의 주제는 『사람이 그리워서』(시학, 2008)에서도 지속된다. 일 년 남짓한 사이에 칠십여 편이 수록된 시집을 낸 것을 보면, 근래 김초혜 시인은 그 자신이 "두 번째 자연"('자서自序')으로 여기는 시의 영역을 무심히, 무시로 드나들고 있는 듯하다. 흔히들 짧은 시들의 창작원리는 '절제의 미학'이라 부르지만, 이 시집에 실려 있는 정갈한 모습의 시들은 언어의 남용이나 비틂을 의식적으로 자제한 결과라기보다는 고요하고 정일한 정신에서 자연스럽게 피어난 것처럼 보인다. 그러나 이처럼 고요하고 맑은 시선에도 어떤 능동성이 깃들여 있다. 그것은 삶의 전 과정을 깊이 성찰함으로써 노년에 대한 통념을 근원적으로 해체하면서 세계를 뒤덮고 있는 정보들의 범람과 번잡스러운 행동방식, 다시 말해 현대문명의 허상에 대한 비판적 성찰의 거점으로 자리잡아 가고 있다. 이를테면, "소리를 내면 깊은 강이 될 수 없다"는 단 하나의 문장으로 완결되어 있는 「사랑」은 낭만주의 시대로부터 자본주의 세계체제에 이르기까지 개인적 삶의 차원을 넘어 거의 이데올로기의 차원으로까지 부풀려진, 그래서 거추장스럽기 짝이 없지만 정면으로 대들 수도 없는, 실로 난감하기 짝이 없는 '사랑'이라는 통념에 구멍을 내고 있다. 떠들썩하게 소리를 내면, 그것은 더 이상 진정한 사랑("깊은 강")이 아니라 사랑의 늪이 되는 것이다.

  이 시집의 중심낱말들은 얼핏 보면 자연적 사물들처럼 견고하지만, 그것들을 존재케 하는 순환적 관계 속에 놓이면 그 의미망이 한껏 증폭되면서 낱말들 사이의 공간은 고강도의 언어적 자장이 된다. 이 시집에서 작동하고 있는 미적 원동력은 '노년의 미학'이나 '절제의 미학'이라기보다는 시적 에너지 또는 자장을 최대한 증폭시킬 수 있는 공간적 감각이다. 이를테면, 근래에 출간된 두 권의 시집에서 빈번히 등장하는 '꽃'이라는 중심낱말도 그러한 공간적 감각에 의해 색다른 의미를 띠고 있다.

  먼저 핀 꽃도
  나중 핀 꽃도
  모두 다 지는 꽃이라

  그대가 어제 피운 꽃 한 송이
  오늘은 내게 와서 지고 있다
                          —「편지」전문

  피어 있는 꽃은 질 수밖에 없듯이, 인간의 삶에서 이루어지는 어떠한 성취("꽃 한 송이")도 시간 속에서 빛이 바래질 수밖에 없다. 그것도 "그대가 어제 피운 꽃 한 송이/ 오늘은 내게 와서 지고 있다"에서처럼 사랑하는 이("그대")가 "피운 꽃"이 "내게 와서 지고 있다"면, 그것만큼 애절한 상실감을 불러일으키는 것도 없을 터인데, 이 시는 상실의 아픔과는 무관해 보인다. "진다"는 것은 일차적으로 생명 있는 것의 시듦이나 소멸과 연관되지만, 이 시에서 "꽃"은 특별한 종의 꽃이 아니며 그것의 '짐'은 단순한 소멸로 받아들여질 수 없는 차원에 있다. 이 시의 제목이 '편지'라는 것을 염두에 두고 보면, 그것은 '나'의 깊은 이해를 통해 재생의 의미까지 함축한다. 그것은 내게 와서 '짐'으로써, '그대'의 꽃핌이 내 안에서 생성적 흐름으로 되살아나면서 완결되는 것이다. '편지'가 소통의 수단이라면, 이보다 더 풍요로운 소통은 없을 것이다. 이렇게 해석될 수 있는 근거는 발신자에게 건네지는, 어쩌면 서운하게 들릴 수도 있는 "지고 있다"는 말이 묘하게도 서러움보다는 자족적인 울림을 지니고 있기 때문이다. '지는' 현상이 뜻있는 소통 이상의 어떤 관계양상으로 완성될 수 있기에, 이 시는 꽃을 피운 존재의 의도, 그리고 그 너머에 있는 어떤 보편적 질서까지 간결하게, 그러나 풍부하게 함축하고 있다. "어제 그대에게/ 머물렀던 바람이/ 오늘은 내게 불어와// 일천 겹 그리움의/ 파도를 이룬다"(「인연설」)는 구절은 이러한 생성적 순환관계를 더욱 강렬하게 드러내고 있다.

  이 시집에서 '꽃'은, 그것을 좋아하는 인간의 본성으로 인해 식물과 인간 사이에 모종의 통로 구실을 한다. 앞의 시에서 "꽃"은 아름다움의 이미지가 아니라 자연적 순환의 어떤 절정처럼 감지되는 순간의 물질적 존재양식일 뿐이다. 이처럼 '꽃'은 생성적 흐름에서 분리된 극적인 요소가 아니라 흐름 자체를 드러내기 위한 역설적인 조명 속에 놓여 있다.

이제 '꽃'은 화자의 무심한 심경에 의해 그것이 존재했던 자리로 되돌려지기도 한다. "같이 바라본 산수유꽃/ 그대에게는 무심함으로/ 내게는 일상으로// 그해 초봄부턴가"(「꽃 필 무렵」)에서는, 산수유꽃을 "무심함"과 "일상"으로 받아들이는 심성 자체가 전경으로 떠오르고 있다. 그리고 꽃을 '무심'과 '일상'으로 담담하게 수용할 수 있게 된 것이 "그해 초봄"이었다고 되짚어 보고 있는 화자의 어투에서는 그 자체가 또 하나의 '꽃핌'이라는 깨달음이 지펴 온다. 그런가 하면, 「산수유꽃」은 앞의 두 연,

밤도 층층이 깊고
산도 겹겹이 깊었는데

풍경 소리는
비에 젖어
산수유꽃을 피운다

에서 그윽한 생성의 분위기를 연출한 다음, 세 번째 연 "봄인들 어떻고/ 봄이 아닌들 어떠랴"를 배치함으로써 시적 정취에 잠시 젖어 있던 독자의 의식을 다른 차원으로 살짝 돌려놓는다. 꽃이 피는 현상을 구태여 계절과 연관시킬 필요가 없다고 강조하는 까닭은 밤의 어두움과 맑은 소리("풍경 소리")와 비의 은밀한 작용을 되짚어 보게 하려는 것이

다. 그렇게, 우리 삶에서 밤을 몰아내 버린 문명사적 질곡에 대한 날카로운 비판을 함축하면서 자연이 생명처럼 품고 있는 어둠 속에서 더 맑아지는 정신만이 생명적 아름다움을 피워 낼 수 있다는 것을 강렬하게 환기시키고 있다.

이렇듯 풋풋한 유현幽玄이야말로 늙음을 직시하면서도 그것에 강박되지 않는 해방된 감성의 소산이다. "나이와 사이가 좋아지니까/ 사소한 것도 아름답다"(「진정한 나이」)에서처럼, 자연적 변화를 그대로 받아들이고 나면, 큰 것과 작은 것, 아름다운 것과 추한 것 사이의 이분법에서 놓여나게 되고, 눈여겨보지 않았던 것들의 아름다움이 눈에 들어오게 된다. 그러나 「당신은 누구십니까」는 이러한 경지에 이르는 것이 얼마나 어려운 것인지를 반조한다. 이 시는 화자가 자신을 낯설게 의식할 수밖에 없는 어떤 순간의 의식을 고통스럽게 드러내고 있다. 거울 앞에 있거나 눈을 감고 자신의 모습을 떠올리고 있는 듯, 화자는 자신을 부정적인 변화에 결박되어 있는 것으로 의식하고 있다. 그래서 그는 "여울진 삶에/ 옹이옹이 맺힌 어둠까지/ 그 속에 갇힌/ 당신은 누구십니까" 하고 자문하는 것이다. "그 속에 갇힌"에서 "그"는 자아의 '틀'일 것이다. 화자는 오랜 세월 자기도 모르는 사이에 조금씩 뜻하지 않은 모습으로 달라져 있는 자신을 아프게 의식하면서도 그러한 낯섦을 일시에 떨쳐 버리거나 원상으로 되돌려 놓을 수 없다는 것도 알고 있다. 화자가 의식하고 있는 낯선 존재는 친숙한 자기 이미지와 대립되지만, 그것은 부정할 수 없는 현실 속의 자기 자신일 수밖에 없다. 그런데 화자는 그러한 자기를 결정적인 것으로 여기지는 않는 것 같다. "갇힌 당신"은 풀릴 수 있을 것 같은 느낌을 유발하기 때문이다.

  강박의 해체는 물론 화해와는 전혀 다른 것이다. 그것은 오히려 이 시집에 폭넓게 스며 있는 '무심'의 감성에 의해 맑게 펼쳐지는 인식 지평에서 또 다른 자신으로 승화될 수 있는 어떤 가능성, 또는 '사무사思無邪'의 정신으로 세상을 바라봄으로써 자신을 속박해 온 아집에서 벗어난 상태에서 낯선 자신, "옹이옹이 맺힌 어둠까지/ 그 속에 갇힌" 자신을 자연스럽게 해체 재구성할 수 있는 어떤 가능성을 함축하고 있다. 그러나 이것은 사물과 사물 사이, 인간과 인간 사이의 모든 경계와 차이를 해체하는 것과는 다르다. 그것은 새로운 인식을 통해 자신의 부정적 감각 ― 자기 이미지와 현실적 존재 사이의 차이에 대한 감각 ― 까지 떠안고 스스로 새로워지는 것이다. 이처럼 시인은 언어나 사물들 사이의 차이나 간격 자체에 적극적인 의미를 부여하고 있다. 이를테면, 동반자들 사이에서도 결코 지워질 수 없는 "간격"은 "시간과 공간을 넘어/ 밝을 때는 밝음을 더하고/ 그리울 때는 그리움을 더하"(「동반자」)는 것으로 고양된다. 그래서 '간격'은 둘 사이의 이질성이 더 나은 관계로 지양될 수 있는 가능성의 공간이 된다.

  '죽음'은 노년의 화자가 피해 갈 수 없는 주제이다. 2행씩 3연으로 구성되어 있는 「죽음」의 마지막 연에서 그것은 "내가 남이 되면/ 그 남 속에 있는 것"으로 정의定義되고 있다. 여기에서 '남'은 어떤 '타인'이 아니라 '나' 아닌 존재 전체를 의미한다. 얼핏 보면 "죽음은 한 방에서 다른 방으로 옮겨 가는 것"이라는 예이츠의 비유와 유사하지만, 이 시의 화자는 죽음을 단순한 이행이나 어떤 변화 과정 자체로 환원시키고 있는 것은 아니다. "남 속에 있는 것"은 개별적 존재의 소멸이 아니라 다른 방식으로 존재하는 것("있는 것")이기 때문이다. 이처럼 시인의 정신은 자연으로의 회귀를 꿈꾸기에는 너무도 냉철하다. "천둥 번개에도/ 꿈적 않던/ 그대가/ 사물의 꿈에 빠져/ 강물에/ 목이 잠겼구나"라는, 이 짧은 시는 그 제목(「허상」)을 떠올리지 않으면 물아일체의 경지를 추구하는 것으로 오독될 수 있다. 나이가 들면서 그러한 허상에 빠져든 이들이 심오한 지혜라도 터득한 양 자족하는 모습은 우리에게도 결코 낯선 것이 아니다. 그런데 이 시의 화자는 그러한 사람을 "강물에/ 목이 잠"겨 숨이 넘어갈 지경에 이른 절망적 상태로 보고 있다. 이 대목에서 이 시인은 냉철한 리얼리스트로 보이지만, 이 시집의 전체적 구도에서 보면 그는 무심無心에서 피어난 고요하고 맑은 정신의 소유자일 뿐이다. 그래서 화자는 "눈을 감아도/ 빛부신 한낮"(「어떤 무심」)을 느끼고, "아, 이제 보니/ 고요함 속에서// 꽃이 피고/ 꽃이 지는구나"(「연꽃 노을」)하며, 고요함의 의미에 눈뜬 자신에게 스스로 놀라고 있는 것이다.

이 시집의 후반부에는 가족에 대한 깊은 사랑과 그리움이 깃들어 있다. "산 너머에 연기가/ 피어오르는 것을 보면// 어머니,/ 하고 부른다"(「괴산 가는 길」)에서, 하나의 문장을 각기 두 행씩 두 개의 연으로 나누어 배치해 놓은 구성은 하나의 느낌이 구체화되어 가는 순간순간에 파고드는 잠재의식의 구조와 닮았다. 마음 밑바닥의 그리움은 그렇게 불현듯 메아리쳐 오는 것이리라. 이 시는 『사랑굿』과 『어머니』를 떠올려 주지만, 이제는 육친에 대한 그리움이 자연적 사물처럼 부정할 수 없는 존재감 속에 정결한 모습으로 자리 잡고 있다. 이러한 언어구성은 우리의 언어습관과 대칭적인 자리에 놓임으로써 그 존재감과 의미를 새롭게 떠올려 준다. 이러한 문체는 순수와 옹글에 대한 단순한 이끌림에서 잉태된 것이 아니며, 내면으로의 응축과도 전혀 다른 것이다. 시를 구성하는 낱말들은 가려지거나 겹쳐지지 않을 만큼 적절한 거리를 유지하면서 우리 감각과 의식이 자유롭게 흘러갈 수 있는 공간을 마련해 놓고 있다.

근래 김초혜의 시세계는 넘쳐나는 변종 문화현상들을 삶의 풍요로 착각하는 우리들의 삶의 모습을 반조返照하면서, 욕망의 범람과 삶의 피폐가 정비례하는 것을 망각하며 살아가는, 망각하지 않고서는 살아가기 어려운 천박한 삶의 조건과 대칭을 이루고 있다.

<문학평론가>

김 초 혜

연 보

1943년 9월 4일 서울 북아현동에서 출생.

1950년 서울 교동초등학교에 입학하였다가 6·25 전쟁으로 충북 청주로 피난.

1951년부터 청주에 정착하여 초등학교 과정을 마침.

1956년부터 청주여자중·고등학교 입학 및 졸업.

1961년 동국대학교 영문과에 입학하였다가 미당 서정주 선생님의 권유로 3학년 때 국문과로 전과하여 졸업함.

1963년 대학 재학 시절에 학교신문에 발표했던 시가 서정주 선생님의 눈에 띄게 되어 1964년 4월에 『현대문학』지를 통해 문단에 첫발을 내딛게 됨.

1967년 1월 29일 조정래(작가)와 결혼.

1969년부터 7년간 동구여자중·상업고등학교 교사를 지냄.

1972년 1월 14일 아들 도현 태어남.

1976년 7월부터 월간 『소설문예』 주간으로 근무함.

1977년 수필집 『하얀 물감』(평민사) 출간.

1984년 첫 시집 『떠돌이별』(현대문학사) 출간. 시집 『떠돌이별』로 한국문학상 수상.

1985년 시집 『사랑굿』(문학세계사) 출간. 시집 『사랑굿』으로 한국시인협회상 수상.

1985년부터 1995년까지 가정법원 조정위원 지냄.

1986년 시집 『사랑굿·2』(문학세계사) 출간.

1987년 시집 『섬』(한국문학사) 출간. 수필집 『그대 하늘에 달로 뜨리라』(문학세계사) 출간. 수필집 『생의 빛 한 줄기 찾으려고』(동학사) 출간.

1988년 시집 『어머니』(한국문학사) 출간.

1989년 시 해설집 『떠돌이별의 노래』(영언문화사) 출간.

1991년 시선집 『떠도는 새』(미래사) 출간.

1992년 시집 『사랑굿·1』『사랑굿·2』『사랑굿·3』(현대문학사) 출간. 수필집 『함께 아파하고 더불어 사랑하며』(동학사) 출간.

1993년 시집 『세상살이』(문학사상사) 출간.

1995년 프랑스 아르마탕(L'Harmattan)에서 시집 『어머니』 불어판으로 출간. 육군사관학교 강사.

1996년 시「만월」로 현대문학상 수상. 현대문학상 수상시집 『꿈길에서』(현대문학사) 출간.

1998년 시집 『그리운 집』(작가정신) 출간. 프랑스 아르마탕에서 시집 『사랑굿』 불어판으로 출간.

2006년 시집 『고요에 기대어』(문학동네) 출간.

2008년 시집 『사람이 그리워서』(시학) 출간. 시 「마음 화상」
으로 제20회 정지용문학상 수상.

2009년 시선집 『빈 배로 가는 길』(시월) 출간.

2010년 시 「길」로 유심작품상 수상.

2010년부터 현재까지 한국현대시박물관장.

〖한국대표명시선100〗을 펴내며

한국 현대시 100년의 금자탑은 장엄하다. 오랜 역사와 더불어 꽃피워온 얼·말·글의 새벽을 열었고 외세의 침략으로 역경과 수난 속에서도 모국어의 활화산은 더욱 불길을 뿜어 세계문학 속에 한국시의 참모습을 드러내게 되었다.

이 나라는 글의 나라였고 이 겨레는 시의 겨레였다. 글로 사직을 지키고 시로 살림하며 노래로 산과 물을 감싸왔다. 오늘 높아져 가는 겨레의 위상과 자존의 바탕에도 모국어의 위대한 용암이 들끓고 있음이다.

이제 우리는 이 땅의 시인들이 척박한 시대를 피땀으로 경작해온 풍성한 시의 수확을 먼 미래의 자손들에게까지 누리고 살 양식으로 공급하는 곳간을 여는 일에 나서야 할 때임을 깨닫고 서두르는 것이다.

일찍이 만해는 「님의 침묵」으로 빼앗긴 나라를 되찾고 잃어가는 민족정신을 일으켜 세우는 밑거름으로 삼았으며 그 기룸의 뜻은 높은 뫼로 솟아오르고 너른 바다로 뻗어나가고 있다.

만해가 시를 최초로 활자화한 것은 옥중시 「무궁화를 심고자」(<개벽> 27호 1922.9)였다. 만해사상실천선양회는 그 아흔 돌을 맞아 만해의 시정신을 기리는 일의 하나로 '한국대표명시선100'을 펴내게 된 것이다.

이로써 시인들은 더욱 붓을 가다듬어 후세에 길이 남을 명편들을 낳는 일에 나서게 될 것이고, 이 겨레는 이 크나큰 모국어의 축복을 길이 가슴에 새겨나갈 것이다.

만해사상실천선양회

한국대표명시선100 | 김초혜

편지

| 1판1쇄 발행 | 2012년 10월 17일 |
| 1판2쇄 발행 | 2013년 10월 25일 |

지은이   김초혜
뽑은이   만해사상실천선양회
펴낸이   이창섭
펴낸곳   시인생각
등 록   제127-34-51037호(2012.7.9)
주 소   경기도 양평군 옥천면 고읍로 164
       ㉾476-832
전 화   (031)955-4961
팩 스   (031)955-4960
홈페이지   http://www.dhmunhak.com
이메일   lkb4000@hanmail.net

값 6,000원

ⓒ 김초혜, 2012

ISBN   978-89-98047-12-2   03810

* 저자와의 협의에 의하여 인지를 생략합니다.
* 이 책의 저작권은 저자와 시인생각에 있습니다.
* 잘못된 책은 책을 구입하신 서점에서 교환하여 드립니다.

※ 이 책은 만해사상실천선양회의 지원으로 간행되었습니다.